Manche Tiere schauen sehr merkwürdig aus.
Man kann es kaum glauben, daß es sie wirklich gibt.

Die Welt ist voller Überraschungen.

Und dann?
Dann fängt alles wieder von vorn an.

Einige Tiere leben von den Überresten toter Tiere.

Es gibt aber auch Tiere, die sehr alt werden.
Sie merken wohl, daß sie sterben und ziehen sich zurück.
Manche werden dann von ihren Freunden betrauert.

Auf der Welt wimmelt es also von Tieren, netten und weniger netten. Die meisten werden nicht alt, weil sie schon vorher aufgefressen werden.

Kein Tier beschmutzt sein eigenes Nest. Manche räumen sogar den Mist der anderen weg und leben davon.

Je nachdem, wie groß ein Tier ist und wieviel es gefressen hat, ist das, was übrig bleibt, ein Haufen oder ein Häufchen.

Nach dem Essen tut jedem ein Nickerchen gut.

Um an das zu kommen, was ihnen schmeckt,
benützen manche Tiere Werkzeuge.

Es gibt Tiere, die viel fressen. Andere brauchen nur wenig. Manche mögen Fleisch, einige leben von Pflanzen, und andere fressen alles, was sie erwischen.

Nur der Kuckuck kümmert sich um nichts. Er legt
seine Eier einfach in anderer Vogeleltern Nester.
Wie gut, daß die dann für den kleinen Kuckuck sorgen.

so groß und stark, daß man ihnen aus dem Weg geht.
Auf ihre Jungen passen alle Tiere besonders gut auf.

Nur wenige Tiere müssen sich vor anderen Tieren nicht fürchten. Sie sind entweder selbst so gefährlich, oder sie sind

Es gibt viele Möglichkeiten, einigermaßen sicher unterzuschlüpfen: in Nestern hoch in den Bäumen oder in Gruben und Höhlen tief in der Erde.

Nur Schnecken und Schildkröten brauchen das alles nicht.
Sie ziehen sich einfach in ihr Haus zurück.
Andere Tiere müssen dagegen um ihr Leben laufen.

Andere Tiere haben spitze Stacheln. Oder sie bespritzen ihre Angreifer mit einer stinkenden Flüssigkeit.

Manche Tiere stellen sich tot, wenn sie bedroht werden.
Und einige rollen sich zusammen.

Andere Tiere dagegen, wie zum Beispiel buntgefiederte Vögel, kümmern sich gar nicht um Tarnung.

Manche Raupen und sogar harmlose Schmetterlinge können ganz schön gefährlich aussehen.

Aber auch sie schaffen es, sich ihrer Umgebung so anzupassen,
daß sie als Jäger oder Gejagte nicht gleich entdeckt werden.

Größere Tiere haben es nicht so leicht wie die Insekten.

Insekten sind für viele andere Tiere wahre Leckerbissen, darum tarnen sich manche so gut, daß sie in ihrer Umgebung fast unsichtbar sind.

Es gibt unglaublich viele verschiedene Insekten, nämlich fast eine Million. Manche krabbeln langsam, andere springen weit oder fliegen geschwind. Einige leben friedlich in Gruppen, andere sind rauflustige Einzelgänger.

Es gibt Tiere, die ändern ihr Aussehen und auch gleich ihren Namen. Allen gemeinsam ist, daß sie leben wollen, und das ist manchmal gar nicht so einfach.

Viele mögen den hellen Tag, manche wachen erst abends auf. Es gibt sehr schnelle Tiere und solche, die es eher gemütlich nehmen.

Manche Tiere können ganz toll fliegen. Und andere bleiben lieber auf oder sogar am liebsten unter der Erde.

Viele können sehr gut schwimmen und tauchen.
Andere können Wasser gar nicht leiden.

Manche haben ein dickes Fell, bunte Federn,
schuppige Haut, Stacheln oder einen Panzer.
Es gibt Tiere, die haben hiervon und davon.

Jedes Tier ist einzigartig.
Die Tiere sind so verschieden voneinander
wie zum Beispiel auch ihre Eier.

Viele Tiere sind wohlbekannt.
Von anderen kennen wir kaum die Namen.

Die Welt ist voller Tiere.
Es gibt kleine und große, gefährliche und harmlose.

Ingrid und Dieter Schubert

Dickes Fell und bunte Federn

Deutsch von Rolf Inhauser

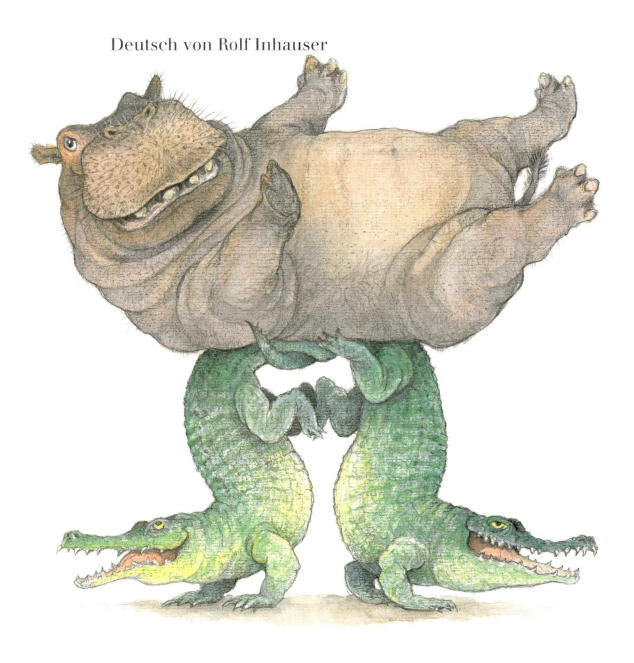

Verlag Sauerländer

Aarau · Frankfurt am Main · Salzburg

Ingrid und Dieter Schubert

Dickes Fell und bunte Federn

Deutsch von Rolf Inhauser

Copyright © 1994 by Lemniscaat b.v., Rotterdam
(Titel der holländischen Originalausgabe: *Van mug tot olifant*)

First published by Lemniscaat b.v., Rotterdam

Copyright © 1995 Text, Illustrationen und Ausstattung der
deutschen Ausgabe by Verlag Sauerländer, Aarau,
Frankfurt am Main und Salzburg

Printed in Belgium

ISBN 3-7941-3800-7
Bestellnummer 01 03800

Alle Rechte vorbehalten. Das Werk und seine Teile sind
urheberrechtlich geschützt. Jede Verwertung in anderen als den
gesetzlich zugelassenen Fällen bedarf deshalb der vorherigen
schriftlichen Einwilligung des Verlags.

Die Deutsche Bibliothek – CIP-Einheitsaufnahme

Dickes Fell und bunte Federn / Ingrid und Dieter Schubert.
Dt. von Rolf Inhauser. – Aarau ; Frankfurt am Main ;
Salzburg : Sauerländer, 1995
Einheitssacht.: Van mug tot olifant <dt.>
ISBN 3-7941-3800-7
NE: Schubert, Ingrid; Schubert, Dieter; Inhauser, Rolf [Übers.]; EST